AF381008

LA BATAILLE DU CHEMIN DES DAMES

La défaite du général Nivelle
pendant la Grande Guerre

Par Benjamin Janssens de Bisthoven
Sous la direction de Thomas Jacquemin

50MINUTES.fr

LA BATAILLE DU CHEMIN DES DAMES   11

Introduction

Données clés

CONTEXTE POLITIQUE ET SOCIAL   15

Un conflit de plus en plus étendu

Guerre de siège à l'Ouest

L'Allemagne sur la défensive

La France choisit l'attaque

ACTEURS PRINCIPAUX   25

Robert Nivelle

Philippe Pétain

Erich Ludendorff

LA BATAILLE DU CHEMIN DES DAMES   33

Le plan d'attaque français, entre inconséquence et irréalisme

Une préparation colossale qui ne passe pas inaperçue

D'inquiétants préliminaires

L'échec de la percée

L'obstination de Nivelle

RÉPERCUSSIONS   49

Une crise de commandement salutaire ?

L'effondrement du moral français

L'Allemagne tire les marrons du feu

EN RÉSUMÉ 59

POUR ALLER PLUS LOIN 63

LA BATAILLE DU CHEMIN DES DAMES

INTRODUCTION

Le 16 avril 1917, entre Soissons et Reims, l'armée française lance une puissante offensive sur les crêtes du Chemin des Dames âprement défendues par la *Kaiserheer*, l'armée impériale allemande. L'auteur de l'initiative, le général Robert Nivelle, commandant en chef des armées françaises, se veut optimiste : l'attaque, massive et brusquée, doit permettre de briser l'inexpugnable défense allemande qui résiste, voilà près de trois ans, à toutes les tentatives pour la percer.

Depuis que la Première Guerre mondiale a commencé, les chefs militaires français et britanniques sont pris dans une situation aussi inédite qu'imprévue. Le front occidental contre l'Allemagne s'est enlisé en quelques semaines dans une longue et meurtrière guerre des tranchées. Or, en ce printemps 1917, il apparaît urgent pour les alliés britanniques et français de sortir de l'impasse. Outre que l'opinion publique se lasse de la guerre, l'allié russe vient d'être balayé par une première révolution et, pire encore, l'Allemagne s'est lancée dans une guerre sous-marine effrénée dans l'Atlantique, qui fait craindre un effondrement de l'économie britannique à court terme. Destinée à remporter en peu de temps un succès décisif sur l'armée allemande, l'offensive du général Nivelle se solde pourtant par la pire défaite française de la guerre. En 15 jours, près de 140 000 soldats français sont perdus pour des gains dérisoires. Mais la crise est aussi politique et morale. De graves mutineries éclatent dans l'armée française. Nivelle, remercié, cède sa place à Pétain et la France commence une longue convalescence. Elle ne lancera plus d'offensive majeure avant 1918.

DONNÉES CLÉS

- **Quand ?** Du 16 avril au 9 mai 1917.
- **Où ?** Sur les crêtes du Chemin des Dames, entre Soissons et Reims, dans l'Aisne, en France.
- **Contexte ?** La Première Guerre mondiale (1914-1918).
- **Belligérants ?** La France contre l'Empire allemand.
- **Acteurs principaux ?**
  - Robert Nivelle, commandant en chef des armées françaises (1856-1924).
  - Philippe Pétain, commandant des armées du Centre, puis commandant en chef des armées françaises (1856-1951).
  - Erich Ludendorff, premier quartier-maître général, bras droit de Hindenburg (1856-1937).
- **Issue ?** Échec stratégique français.
- **Victimes ?**
  - Camp français : environ 139 589 blessés, tués ou disparus.
  - Camp allemand : moins de 80 000 blessés, tués ou disparus, dont 39 000 prisonniers.

CONTEXTE POLITIQUE ET SOCIAL

Au printemps 1917, lorsque le rideau se lève sur le champ de bataille du Chemin des Dames, la Première Guerre mondiale fait rage depuis presque trois ans en Europe. Depuis son commencement en 1914, la Grande Guerre – comme on l'appelle dès 1915 – s'est considérablement transformée. Tout est d'abord une question de taille. De 1914 à 1917, une dizaine de nouveaux pays sont entrés dans le conflit, élargissant son caractère planétaire. C'est ensuite un changement de forme. Les combats à l'Ouest se sont figés dans la boue des tranchées avec des conséquences fatales pour tous les belligérants. Enfin, la fatigue et l'usure affaiblissent profondément les sociétés en guerre. La France et l'Allemagne, acteurs principaux du drame qui va bientôt se jouer sur l'Aisne, sont épuisées.

UN CONFLIT DE PLUS EN PLUS ÉTENDU

À ses débuts, le conflit se limite grosso modo à un choc entre deux alliances antagonistes : la Triple-Entente (Grande-Bretagne, France et Russie) et la Serbie contre l'Empire allemand allié à l'Empire austro-hongrois. En 1917, cependant, de nouveaux pays se lancent dans les hostilités. La Belgique, le Japon, l'Italie, le Portugal et la Roumanie rallient successivement l'Entente. Début avril 1917, les États-Unis, échauffés par la guerre sous-marine sans restriction lancée par Berlin dans l'Atlantique trois mois plus tôt, entrent à leur tour dans la mêlée en déclarant la guerre à l'Allemagne. Allemands et Austro-Hongrois remportent quant à eux beaucoup moins de succès sur la scène internationale. Seuls l'Empire ottoman et la Bulgarie choisissent de lier leur destinée à la leur.

Cette multiplication des acteurs a pour corollaire l'apparition de nombreux fronts. Alors qu'en 1914, on se battait uniquement dans le Nord de la France, en Serbie et en Russie, de nouveaux brasiers s'allument dans le Caucase, en Irak, en Palestine, en Macédoine et en Vénétie julienne. En 1917, l'extension du conflit a deux conséquences importantes pour la France et l'Allemagne. Premièrement, l'une et l'autre doivent divertir sur plusieurs de ces nouveaux théâtres d'opérations de précieuses ressources en hommes et en matériels qui ne pourront, de ce fait, prendre part au Chemin des Dames. Toutes deux comptent pourtant sur ces fronts auxiliaires pour détourner un maximum de forces ennemies lors de leurs offensives. La deuxième grande conséquence est, qu'à partir de l'entrée en guerre des États-Unis, l'Allemagne et ses alliés sont assurés de leur défaite à longue échéance. L'Entente, qui jouissait déjà d'une prépondérance significative en hommes et en matières premières sur ses adversaires, possède désormais une supériorité écrasante en ressources humaines et économiques. Toutefois, dans l'immédiat, les Allemands et leurs alliés sont favorisés par la tournure particulière qu'a prise la guerre à l'Ouest depuis l'automne 1914.

GUERRE DE SIÈGE À L'OUEST

Pendant l'automne 1914, la guerre sur le front occidental – qui englobe la Belgique et la France puis l'Italie à partir de 1915 – change soudainement de visage. Les combats, qui étaient jusque-là marqués par la manœuvre et le mouvement des unités militaires, deviennent statiques. Sonnés par une première phase d'offensives sans résultat, les belligérants enterrent leurs armées dans de profondes tranchées. La ligne de front – qui court de la frontière suisse à Zeebrugge en Belgique et traverse tout le Nord de la France – se couvre vite de formidables fortifications qu'aucune attaque ne parvient à briser. Les technologies et les tactiques militaires de l'époque sont inopérantes. Face à ce blocage complet, l'Allemagne et l'Entente sont contraintes d'adapter leur stratégie. Les Allemands, qui avaient espéré défaire la France en six semaines par une puissante attaque à travers la Belgique avant de se retourner contre la Russie – suivant en cela le plan *Schlieffen* – , inversent leurs projets. L'Ouest restera sur la défensive pendant que de grands coups seront portés à l'Est. Les Français et les Britanniques, quant à eux, choisissent de cogner de plus en plus fort sur les défenses allemandes à l'Ouest. Le front occidental se transforme dès lors en une véritable guerre de siège dans laquelle l'Entente tient le rôle de l'assaillant et l'Allemagne, le temps d'obtenir des dividendes en Orient, celui de l'assiégé. Ce schéma se maintient à peu près jusqu'en 1917.

Au début de cette année-là, la stratégie allemande, au contraire de la stratégie franco-britannique dont toutes les tentatives pour rompre le front ont échoué, commence à engranger des gains appréciables. La Serbie et la Roumanie sont respectivement écrasées en 1915 et 1916, puis au mois de mars 1917, la Russie, gravement déstabilisée, sombre dans la révolution. Le tsarisme est balayé et l'armée russe est incapable d'entreprendre de nouvelles opérations avant longtemps. De manière inespérée, le front oriental se libère pour l'Allemagne. Va-t-elle pour autant reprendre l'offensive à l'Ouest ? De l'autre côté du spectre, l'effondrement russe incitera-il les alliés français et britanniques à renoncer à toute nouvelle attaque en Occident avant l'arrivée des troupes américaines ? En réalité, les stratégies des uns et des autres pour 1917 seront en grande partie dictées par des considérations internes.

L'ALLEMAGNE SUR LA DÉFENSIVE

Deuxième puissance industrielle mondiale après les États-Unis en 1914, l'Allemagne, après trois ans de guerre, fatigue sérieusement. Soumise à un intense blocus par l'Entente depuis 1916, son économie connaît des difficultés croissantes. Il devient presque impossible de trouver certains métaux comme le cuivre ou le manganèse, indispensables pour la production d'armements. Pour pallier les manques, on recourt à des expédients. Dans le cas du cuivre, par exemple, des réquisitions sont faites auprès de la population civile. Quant au charbon, produit de première nécessité, il est strictement réservé aux industries militaires. La situation des vivres est la plus préoccupante. De 1916 à 1918, d'après les chiffres repris par l'historien David Stevenson, les importations allemandes de blé tombent de 240 750 tonnes à 42 598, celles de poissons de 435 770 tonnes à 88 642 et celles de viande de 119 913 tonnes à 8 005. Un déficit que la production agricole et vivrière allemande est incapable de combler. Au cours de l'hiver 1916-1917, un rationnement sur une base journalière de 1 300 calories par travailleur est instauré. Conséquence des pénuries, les prix augmentent, alors que la population s'appauvrit.

Et puis il y a les pertes humaines. Depuis le début de la guerre, un million d'hommes ont été tués, pour une population qui compte 69 millions d'habitants. L'armée allemande a été particulièrement saignée au cours des batailles de l'année 1916. Rien qu'à Verdun et sur la Somme, 800 000 soldats ont été blessés ou tués pour des résultats médiocres, et une grande manne de matériels y a également été consumée. Inévitablement, le moral allemand en est affecté. Le mécontentement gronde et l'audience des courants d'opposition à la guerre, essentiellement regroupés autour des partis socialistes, s'accroît. En dépit des succès engrangés sur le front oriental, la situation intérieure et le mauvais état de l'armée incitent Paul von Hindenburg (chef d'état-major général de l'armée allemande, 1847-1934) et Erich Ludendorff, qui commandent en duo les troupes allemandes depuis août 1916, à adopter une stratégie défensive pour 1917. En attendant, l'amirauté sera chargée de répondre au blocus de l'Entente en attaquant tous les navires de commerce dans l'Atlantique.

LA FRANCE CHOISIT L'ATTAQUE

Côté français, la situation intérieure n'est pas brillante non plus. D'un point de vue économique, la France connaît elle aussi des difficultés pour approvisionner ses industries d'armements en matières premières. Non seulement l'Allemagne occupe ses plus riches gisements de métal et de charbon, mais, en outre, l'intensification des attaques ennemies sur les transports maritimes, depuis février 1917, entrave considérablement ses importations de ressources. Néanmoins, le problème le plus criant est celui des effectifs. De 1914 à 1917, 950 000 soldats ont été tués sur une population totale de 39 millions d'âmes. C'est proportionnellement plus que l'Allemagne. Pour trouver des hommes, les autorités civiles et militaires ponctionnent alors les colonies : 35 000 tirailleurs sénégalais participeront bon gré mal gré aux opérations du Chemin des Dames. Par ailleurs, nombre d'exemptés et de réformés seront renvoyés aux armées et la classe de 1918, composée de très jeunes gens, sera également appelée.

Dans un pays majoritairement rural, ces mesures ne sont pas sans conséquence dans les campagnes, où les récoltes périclitent faute de main-d'œuvre. À la colère des paysans s'ajoute celle des ouvriers qui refusent d'être remplacés par des femmes pour qu'ils puissent rejoindre le front. Mais le mécontentement est aussi militaire. La censure postale intercepte de plus en plus de lettres de soldats exprimant des sentiments défavorables sur la conduite de la guerre, jugée trop coûteuse. Cette tension grandissante ajoutée à l'enlisement du conflit pousse les généraux français à envisager un ultime effort afin de donner à la France un succès décisif qui la sortirait assurément de l'ornière. Avec l'écroulement russe et une Grande-Bretagne qui chancèle sous les coups portés à son commerce par les sous-marins allemands, la guerre doit être gagnée au plus vite, et on estime que seule une puissante offensive sur le front occidental pourra y parvenir. Une grave erreur de jugement qui coûtera très cher à l'armée française.

ACTEURS PRINCIPAUX

ROBERT NIVELLE

Né en 1856 à Tulle, en France, Robert Nivelle ne voit briller son étoile qu'avec le commencement de la Première Guerre mondiale. Ancien polytechnicien, breveté de l'École supérieure de guerre en 1889, Nivelle, qui a choisi de servir dans l'artillerie, connaît une lente ascension. Devenu capitaine à l'âge de 31 ans, il ne monte en grade que 14 ans plus tard, en 1911, lorsqu'il est nommé colonel. Il effectue pourtant plusieurs longs séjours à l'étranger, dans les colonies françaises : il sert en Afrique du Nord à deux reprises, de 1889 à 1894 et de 1908 à 1911, ainsi qu'en Chine de 1900 à 1902. Il passe aussi quatre ans en Corse, où il occupe le commandement des batteries de l'île.

La guerre qui éclate en 1914 le sort de l'ombre. Au mois d'août, le colonel Nivelle se fait remarquer à la tête du 5e régiment d'artillerie pour son efficacité. C'est le prélude d'une ascension fulgurante. En septembre, il reçoit le commandement d'une brigade puis, en octobre, celui d'une division et, enfin, en décembre 1915, celui d'un corps d'armée. Chargé du secteur de Douaumont, à Verdun, en 1916, Nivelle fait une nouvelle fois parler de lui par son audace et son ingéniosité. Avec le général Charles Mangin (1866-1925) pour associé, il reprend les forts de Douaumont et de Vaux aux Allemands grâce à une vigoureuse attaque combinée d'infanterie et d'artillerie. Un joli succès qui lui vaut d'être nommé commandant en chef des armées françaises le 12 décembre 1916. Malgré cette belle progression, Nivelle connaîtra néanmoins une disgrâce brutale à cause de la défaite du Chemin des Dames.

Il meurt le 22 mars 1924. Sa dépouille est inhumée aux Invalides.

PHILIPPE PÉTAIN

C'est à Cauchy-à-la-Tour, dans le Pas-de-Calais, que Philippe Pétain voit le jour en 1856. À l'instar de Nivelle, lui aussi connaît des débuts peu encourageants. Admis de justesse à l'école militaire de Saint-Cyr en 1876, Pétain opte pour l'infanterie. En 1888, après avoir atteint le grade de lieutenant uniquement grâce à son ancienneté, il intègre l'École supérieure de guerre. Son brevet de capitaine en poche, il occupe ensuite, pendant près de dix ans, un poste d'état-major à Paris et à Marseille. Passé commandant en 1900 seulement, Pétain rejoint l'année suivante l'École supérieure de guerre en tant que professeur de tactique d'infanterie. En 1909, il y reçoit le grade de colonel grâce à la bienveillance de Ferdinand Foch (1851-1929), alors directeur de l'établissement et futur commandant en chef des armées alliées en 1918.

En 1914, Pétain est placé à la tête d'une brigade d'infanterie qu'il mène vaillamment en Belgique puis en France. Les pertes et les nombreux limogeages de généraux incompétents le tirent vers le haut. En septembre, il dirige une division, suivie en octobre d'un corps d'armée qu'il mène aux combats en Artois en 1915. À la fin de l'année, il prend part, avec toute une armée cette fois, à l'offensive en Champagne. Début 1916, Pétain est désigné pour défendre Verdun, tâche à laquelle il s'acquitte avec brio. Refusant de lancer une offensive pour reprendre le terrain perdu, il est muté en mai au groupe d'armées du Centre, où il restera jusqu'à ce qu'il soit désigné pour remplacer Nivelle, après l'échec de ce dernier sur le Chemin des Dames, au commandement supérieur des armées françaises. Il s'y maintiendra jusqu'à l'armistice.

Après la guerre, Pétain mène une importante carrière politique et devient, en 1940, le chef du régime de Vichy. Condamné à mort à la Libération suite à sa collaboration avec l'Allemagne nazie, il est épargné en raison de son grand âge. Il meurt en 1951, sur l'île d'Yeu où il était emprisonné.

ERICH LUDENDORFF

Erich Ludendorff naît en 1865 à Kruszewnia, en Prusse. Au contraire de ses homologues français, le jeune Prussien gravit rapidement les échelons hiérarchiques au sein de l'armée allemande. Passé par l'École des cadets, d'où il sort officier à 17 ans, puis par l'Académie de guerre, Ludendorff atteint le grade de capitaine en 1896, puis celui d'officier d'état-major peu après. De 1904 à 1913, il est affecté à la section des opérations de l'État-major général, qu'il finit par diriger. En 1913, il est promu commandant de régiment en Rhénanie.

Fait premier quartier-maître de la IIe armée au moment de la déclaration de guerre, Ludendorff joue un rôle clé dans la prise de la citadelle de Liège, en Belgique, en août 1914. À la fin du mois, il est envoyé auprès de Paul von Hindenburg, qui commande la VIIIe armée en Prusse orientale, pour lui servir de chef d'état-major. Là, contre les Russes, le duo Hindenburg-Ludendorff se montre redoutable. L'armée russe est refoulée d'Allemagne et perd 140 000 hommes, parmi lesquels 90 000 sont faits prisonniers. Fort de ce succès, Ludendorff passe lieutenant général puis, en août 1916, Hindenburg et lui-même deviennent maîtres de l'État-major général. Dans les faits, cependant, c'est Ludendorff, qui n'est que le premier quartier-maître de Hindenburg, c'est-à-dire son adjoint, qui dirige les opérations. En quelques mois, il parvient à mettre un terme à la coûteuse bataille de Verdun et à écraser la Roumanie. Fin tacticien, Ludendorff manque toutefois d'une réelle vision stratégique puisque sa décision de lancer une guerre sans restriction dans l'Atlantique entraîne la désastreuse entrée des États-Unis dans le conflit. Il restera à l'État-major général jusqu'en octobre 1918, avant d'être renvoyé par le Kaiser.

Nationaliste virulent, il mène, après-guerre, une activité d'agitateur politique qui le fait croiser la route d'Adolf Hitler (1889-1945). Il meurt en Bavière en 1937.

LA BATAILLE DU CHEMIN DES DAMES

L'offensive du général Nivelle est censée apporter une victoire éblouissante à la France et à ses alliés. La préparation a duré des mois, les canons et les munitions massés dans l'Aisne sont innombrables, et les hommes, qui comptent parmi les meilleures troupes, ont été spécialement entraînés pour l'occasion. Une attaque de soutien britannique doit même être lancée au nord pour faciliter la percée de l'armée française. Et pourtant, en quelques semaines, peut-être en quelques jours, l'attaque aboutit à un désastre magistral. Comment en est-on arrivé là ?

LE PLAN D'ATTAQUE FRANÇAIS, ENTRE INCONSÉQUENCE ET IRRÉALISME

Au début de l'année 1917, les Français et leurs alliés sont décidés à en finir avec l'Allemagne. Mais, sur les 750 kilomètres du front occidental, où et comment porter l'estocade ? Dès qu'il prend la tête des armées françaises, le 12 décembre 1916, Nivelle modifie les plans d'attaque de son prédécesseur, le général Joseph Joffre (1852-1931). Alors que ce dernier voulait entreprendre une poussée franco-britannique sur la Somme, avec une diversion dans la région de Reims, le nouveau généralissime préfère réorienter le centre de gravité de la bataille dans l'Aisne, face au Chemin des Dames. C'est là, estime-t-il, que doit être porté le coup principal. En l'espace de 48 heures, deux armées françaises de choc (la 6e du général Mangin et la 5e du général Mazel) devront y percer les défenses allemandes avant qu'une troisième armée (la 10e du général Duchêne) ne s'engouffre dans la brèche. L'ensemble de l'opération est placé sous la direction de Joseph Micheler (1861-1931), commandant du groupe d'armées de Réserve. Pour faciliter l'opération, Nivelle prévoit également deux attaques auxiliaires chargées de distraire les Allemands loin de l'Aisne. Les Britanniques ont ainsi pour consigne de frapper aussi fort qu'ils le peuvent sur Vimy avant que l'offensive ne commence, tandis que Pétain doit quant à lui mener une opération de soutien avec ses troupes face à Auberive, à l'est de Reims.

Plusieurs raisons – au demeurant très discutables – conduisent Nivelle à se concentrer sur le Chemin des Dames. Le secteur, moins ravagé que la Somme, lui semble plus propice pour ses méthodes de combat, basées sur le choc, la vitesse et une utilisation brutale de l'artillerie. Mais c'est pécher par excès de confiance. En réalité, le Chemin des Dames est une crête abrupte et boisée, entrecoupée de ruisseaux et creusée de carrières et de grottes. Par ailleurs, Nivelle croit la zone peu défendue. Il est en fait complètement aveuglé par l'insuffisance des reconnaissances aériennes françaises. Les Allemands, depuis qu'ils ont investi la région en 1914, n'ont cessé de fortifier leurs positions sur l'Aisne. Le généralissime voit, enfin, un dernier intérêt à frapper à cet endroit : avec l'aide britannique, plus au nord, l'offensive prendra la forme d'une attaque concentrique contre les flancs exposés du vaste saillant qu'occupent les Allemands de Noyon à Bapaume. Cependant, au mois de mars, un événement imprévu vient enlever cet avantage. Le 15, toutes les troupes allemandes du saillant Noyon-Roye amorcent un repli d'une profondeur de 30 kilomètres et se retranchent sur une ligne défensive soigneusement préparée sur leurs arrières : la ligne Hindenburg. Derrière elles, elles laissent un pays méthodiquement dévasté. La population a été évacuée, les chemins de fer et les routes ont été détruits, et les Allemands ont même fait sauter tous les points surélevés pouvant servir pour l'observation. Si les axes d'attaques franco-britanniques ne sont pas trop affectés par ce repli, l'offensive se complique sérieusement. Faut-il dès lors annuler l'attaque ? Le 6 avril, la question fait l'objet d'une conférence à Compiègne entre membres du gouvernement et militaires. Pétain et Micheler critiquent sévèrement l'opération, mais Nivelle se bat comme un lion pour défendre son projet et menace de démissionner. L'attaque est finalement maintenue. Elle doit commencer le 11 avril.

UNE PRÉPARATION COLOSSALE QUI NE PASSE PAS INAPERÇUE

Pour percer sur le Chemin des Dames, Nivelle ne lésine pas sur les moyens : 1,2 million d'hommes sont rassemblés. Parmi eux, des unités d'élite comme les 1er, 6e et 20e corps, ainsi que les 1er et 2e corps coloniaux. Dans des camps d'instruction spéciaux, la plupart des soldats reçoivent un entraînement intensif pour attaquer les fortifications et manier les armes d'assaut : fusils-mitrailleurs portatifs, lance-flammes, mortiers légers, etc. Ils seront soutenus par quelques 1 550 mortiers de tranchée, 2 000 canons de 75 millimètres, 1 650 canons lourds et 160 pièces d'artillerie de très gros calibre. Une quantité d'artillerie énorme pour laquelle plus de 8 276 000 obus sont amassés dans les dépôts de l'arrière. L'infanterie pourra également compter sur 129 chars d'assaut Schneider dont l'importance ne doit cependant pas être exagérée. Issus de progrès technologiques récents, ces engins sont encore tout à fait rudimentaires – nombre d'entre eux tomberont d'ailleurs en panne dès le premier jour de combat. Enfin, dans le ciel, 39 ballons d'observation et 500 avions de reconnaissance seront réunis pour éclairer le dispositif ennemi.

Mais l'armée de Nivelle cache aussi quelques gros défauts. Ainsi, si le moral de l'infanterie est globalement bon à la veille de l'offensive, il l'est en grande partie à cause de l'espoir de victoire décisive qu'elle suscite. Dans ces conditions, une défaite risquerait d'être très problématique. Le bombardement par l'artillerie française, bien qu'elle possède un nombre de pièces plus élevé, sera beaucoup moins dense qu'au cours des batailles précédentes du fait de la profondeur des défenses ennemies (quatre lignes au lieu de deux). Par ailleurs, parmi les canons lourds, beaucoup sont des canons de 155 millimètres courts incapables de démolir les retranchements puissamment bétonnés du Chemin des Dames. Dans les airs, la situation n'est pas plus réjouissante. Le jour de l'attaque, Nivelle ne dispose que de 131 avions de chasse. C'est trop peu. D'autant plus que beaucoup d'appareils sont peu fiables et devront être renvoyés à l'atelier pour des révisions. Autre gros point noir, les services de santé à l'arrière sont loin d'être prêts à accueillir un grand flux de blessés. Il leur manque des lits, des médicaments et des moyens chirurgicaux. Enfin, l'armée de Nivelle, immense masse humaine et matérielle concentrée sur un espace de 40 kilomètres à peine, présente l'inconvénient d'être difficilement dissimulable. Alors que le généralissime compte sur l'effet de surprise pour sa percée, les Allemands comprennent que quelque chose se trame sur l'Aisne. Aussi Ludendorff rameute-t-il du monde derrière le

Chemin des Dames. En plus des réserves dégagées par le repli stratégique du saillant Noyon-Roye, le premier quartier-maître fait venir des unités fraîches de Russie et 530 des meilleurs avions de l'armée allemande attendent les Français de pied ferme. Quant aux défenses, elles sont sensiblement renforcées dans les secteurs menacés. Si Nivelle, renseigné par les reconnaissances sur les lignes ennemies, est informé des préparatifs allemands, il garde néanmoins confiance. En réalité, il s'apprête à taper dans un nid de guêpes.

D'INQUIÉTANTS PRÉLIMINAIRES

Avant même que la bataille ne commence, les affaires s'engagent mal pour l'armée française. En raison de conditions météorologiques épouvantables, l'attaque sur le Chemin des Dames, fixée au 11 avril, est reportée au 14 puis au 16. Depuis le début du mois, la pluie et la neige ne cessent de tomber, et l'Aisne est en crue. Dans leurs parallèles de départ, les fantassins français, éreintés par les intempéries, pataugent dans une eau boueuse qui détrempe tout et s'infiltre jusque dans les armes. Certains boyaux sont même complètement inondés. Les troupes coloniales, peu coutumières des rudesses du climat continental européen, souffrent particulièrement du froid. Mais le temps maussade, s'il retarde l'attaque et émousse la combativité des soldats, a une autre conséquence dramatique pour les assaillants. Entamée le 2 avril, la préparation d'artillerie sur les positions ennemies, qui devait être dantesque, se révèle déficiente. Le vent dérègle les tirs, et les reconnaissances aériennes, gênées par un ciel couvert et l'omniprésente chasse allemande, s'avèrent incapables de repérer et de communiquer avec précision les cibles aux artilleurs, les contraignant à agir souvent à l'aveugle.

Entrecoupé de pauses à cause des conditions météorologiques défavorables, le pilonnage de l'artillerie dure deux semaines au lieu des cinq jours initialement prévus et ses résultats sont mitigés. Les première et deuxième lignes défensives adverses ont essuyé le plus de tirs ; la troisième et la quatrième, en revanche, ont peu souffert. Dans l'ensemble, le bombardement s'est surtout révélé efficace contre les réseaux de barbelés et l'artillerie ennemis. Mais de nombreux nids de mitrailleuses et abris demeurent intacts. De plus, dans bien des cas, les Allemands parviennent à réparer les dégâts rapidement. Certains officiers français, devant l'insuffisance de la préparation d'artillerie, sont pris d'inquiétude. La percée sera plus compliquée que prévu. Pourront-ils au moins compter sur le soutien britannique au nord ? Rien n'est moins sûr. Lancée le 9 avril, l'attaque du BEF (*British Expeditionary Force*) rencontre des obstacles partout malgré plusieurs succès initiaux. S'ils capturent 10 000 prisonniers et prennent la crête de Vimy, les Britanniques ne parviennent pas à déboucher sur les arrières ennemis et, au bout de deux jours, la bataille s'enlise. Au prix de quelques unités de réserve, les Allemands parviennent de leur côté à colmater toutes les brèches. Leur attention peut maintenant se porter sur le Chemin des Dames.

L'ÉCHEC DE LA PERCÉE

Le 16 avril, à 6 heures du matin, la première vague française s'élance sur les pentes du Chemin des Dames, tantôt au son des sifflets, tantôt sous les lumières évanescentes des fusées éclairantes. L'artillerie a canonné toute la nuit, dans un vacarme assourdissant, et beaucoup d'hommes n'ont pas dormi. Le temps est toujours mauvais. De la brume recouvre le champ de bataille. Il fait froid. Pour atteindre les objectifs de Nivelle, les poilus doivent parcourir les 3 000 premiers mètres de front en trois heures, avant de faire un deuxième bond de 3 000 mètres sur un même laps de temps. Un dernier bond, de 2 000 mètres cette fois, devra ensuite être effectué en deux heures. Vont-ils y parvenir ?

À la gauche du dispositif d'attaque, les unités de la 6e armée de Mangin avancent péniblement. À peine sortis des tranchées, les soldats se heurtent à une forte résistance. Des premières positions ennemies, pratiquement indemnes, les assaillants sont accueillis par de violentes rafales de mitrailleuses. Elles doivent être enlevées unes à unes, à coups de grenades et de lance-flammes. Les quelques centaines de mètres conquis sont soumis à de vives contre-attaques. Au village de Chavonne, qui n'est plus qu'un amas de ruines, les troupes françaises subissent une intense pression allemande. Les combats sont tellement furieux que l'on se bat même au corps-à-corps, ce qui est rarissime au cours de la Grande Guerre.

Chavonne en ruine, photo datée du 1er mai 1917.

Inévitablement, l'élan des Français faiblit. Le terrain accidenté et boisé, parsemé de pièges et de barbelés, n'arrange pas les choses. Mêmes les soldats coloniaux, considérés comme des soldats d'élites, connaissent les pires difficultés. Au prix de lourdes pertes, ils parviennent à atteindre et même à dépasser la crête du Chemin des Dames, mais ils ne peuvent aller plus loin à cause des attaques ennemies. La 5e armée de Mazel, sur la droite, rencontre les mêmes déboires. Le plateau de Craonne et le massif de Brimont, qui doivent être promptement occupés, sont truffés de casemates et de mitrailleuses non détruites qui fauchent par centaines les fantassins français. Dans bien des cas, seule la première ligne allemande est capturée. À Berry-au-Bac, les chars Schneider sont détruits les uns après les autres, quand ils ne tombent pas en panne. Sur les 121 chars engagés, seuls cinq atteignent leur objectif, à Juvincourt. Trop exposés et sans appui d'infanterie, ils sont contraints de se replier.

Dans les airs, les combats tournent aussi à la défaveur des assaillants. Les avions français, trop peu nombreux, ne parviennent arrivent pas à chasser du ciel l'aviation allemande, avec pour conséquence que les ballons et les avions de reconnaissance de Nivelle sont abattus les uns après les autres. Débordés, ils sont aussi incapables d'appuyer correctement les troupes au sol, contrairement aux avions allemands qui mènent de meurtrières incursions contre les Français. Sur l'ensemble du front, la planification de l'offensive montre de graves dysfonctionnements. Le barrage d'artillerie roulant, programmé pour suivre l'infanterie française dans son mouvement, se révèle trop rapide et l'échelonnement des vagues d'assaut se transforme en cohue. De nombreux soldats arpentent le champ de bataille à la recherche de leur unité. L'arrière est quant à lui engorgé de troupes et le service médical complètement dépassé par l'afflux des blessés. Après 24 heures de combats, les Français sont bloqués partout et leur avance excède rarement 600 mètres. Nivelle, pourtant, ne se décourage pas. Il possède encore des réserves. Le lendemain, une nouvelle tentative est faite pour percer le front allemand. Le groupe d'armées de Pétain, à l'est de Reims, entre alors dans la mêlée, mais le scénario de la veille se répète. La résistance allemande est opiniâtre, la lutte est terrible. Sous des bourrasques de neige, les Français se heurtent à de puissants nids de mitrailleuses et subissent des contre-attaques incessantes. Les pertes sont très lourdes. Quelques centaines de mètres sont encore gagnés mais la percée est un échec complet.

L'OBSTINATION DE NIVELLE

Devant l'impasse, Nivelle décide de poursuivre les opérations. Les attaques sont renouvelées jusqu'au 20 avril. Le 19, le commandant en chef introduit son va-tout : la 10e armée, tenue en réserve jusque-là. Aucun résultat décisif n'est cependant obtenu. Progressivement, la bataille de percée se transforme en une lutte d'usure et de grignotage. Il faut améliorer les positions conquises, prendre les meilleurs observatoires, briser les contre-attaques ennemies. Les hommes s'épuisent ou disparaissent, le matériel se consume et le moral se dégrade. À mesure que le temps passe, de leur côté, les défenses allemandes se renforcent. 15 divisions sont rappelées du front de l'Est pour contenir les Français. Du 21 au 25 avril, les assaillants épuisés arrêtent momentanément les opérations. Mais Nivelle n'en a pas fini avec le Chemin des Dames. Un nouvel effort est programmé pour le 29, sur Brimont. Il n'aura jamais lieu. Le Gouvernement, qui n'a plus confiance dans le généralissime, exige que l'attaque soit annulée. Nivelle se voit chapeauté par un chef d'état-major : le général Pétain lui-même ! Une crise couve dans le haut-commandement. Malgré tout, le généralissime parvient à projeter une ultime attaque les 4 et 5 mai, en grande partie pour consolider les acquis des jours précédents. En quatre jours, l'assaut se solde par de maigres succès et une hécatombe de plus. Les autorités civiles sont excédées. Le 15 mai, Nivelle est relevé de son commandement et remplacé par Pétain.

Les opérations offensives sur le front occidental sont ajournées sine die. En tout et pour tout, la bataille du Chemin des Dames n'aura permis de reprendre aux Allemands qu'une mince bande de terrain, profonde de seulement 7 kilomètres sur 12 de largeur. L'entreprise aura coûté environ 140 000 hommes à la France, blessés, tués ou disparus, contre 80 000 hommes du côté allemand dont 39 000 prisonniers. Elle laisse, pour terminer, l'armée française moralement très ébranlée. Le 20 mai, de graves mutineries éclatent dans ses rangs qui vont la maintenir dans l'expectative durant des mois.

RÉPERCUSSIONS

La défaite du Chemin des Dames constitue sans conteste un moment clé de la Grande Guerre. Pour les Français, d'abord, dont l'armée change de chef et de visage et adopte une attitude défensive. Pour l'Allemagne, ensuite, qui acquiert, pour la première fois depuis 1914 – mais aussi la dernière –, une supériorité nette sur ses adversaires occidentaux et entrevoit la possibilité de gagner la guerre. Dans un cas comme dans l'autre, ce n'est rien de moins que le début de la campagne décisive de 1918, préfigurée par l'offensive ratée du général Nivelle.

UNE CRISE DE COMMANDEMENT SALUTAIRE ?

La conséquence la plus immédiate de la défaite lors de la bataille du Chemin des Dames est le remplacement de Robert Nivelle par Pétain à la tête des armées françaises. Aussi plusieurs collaborateurs de Nivelle sont-ils écartés ou rétrogradés. Son second et bras droit, le général

Charles Mangin, perd le commandement de la 6ᵉ armée le 2 mai, avant même la fin de la bataille. Joseph Micheler est dépossédé du groupe d'armées de réserve le 8 et Olivier Mazel, général de la 5ᵉ armée, connaît le même sort le 22. Toute une équipe est ainsi mise sur la touche.

Avec elle, nous explique l'historien militaire Michel Goya, c'est une doctrine opérationnelle qui disparaît. Pétain, au contraire de Nivelle, ne croit pas que le front ennemi peut être emporté d'un seul élan par le mouvement rapide de l'infanterie et une utilisation brusquée et violente de l'artillerie. Prudent, il préfère user l'adversaire par des offensives multiples, limitées et bien préparées. L'objectif n'est plus la rupture des défenses ennemies, qui a conduit à chaque fois à de terribles hécatombes, mais la prise de leur première ligne. Ce n'est que lorsque le dispositif rival aura été suffisamment déstabilisé et affaibli par ces attaques répétées qu'un assaut général pourra être entrepris. Pour renforcer la puissance de ses coups, Pétain met un point d'honneur à doter ses unités militaires d'un grand nombre de camions, d'avions et de chars. Son action, au reste, ne se limite pas qu'à ça. L'armée française, sous son commandement, bénéficie d'une organisation moderne « qui capte les sentiments et les idées de la troupe, rationnalise l'emploi des armes et les intègre dans un tout efficace, organise enfin la diffusion des idées par une structure cohérente d'instruction » (GOYA (Michel), *L'invention de la guerre moderne. Du pantalon rouge au char d'assaut. 1871-1918*, Paris, Tallandier, 2004, p. 417). Autant d'éléments qui joueront un rôle décisif lors de la victoire française en 1918.

L'EFFONDREMENT DU MORAL FRANÇAIS

Quelques jours seulement après le remplacement de Nivelle par Pétain, une série d'actes collectifs d'insubordination secouent les arrières immédiats des armées cantonnées sur le Chemin des Dames. Au grand désarroi des autorités militaires, les troupes refusent de monter au front tandis que des manifestations éclatent dans les gares et les villages, bientôt parés de drapeaux rouges. Les soldats chantent *L'Internationale* (hymne révolutionnaire), scandent des slogans contre la guerre, distribuent des tracts et tiennent des assemblées.

Très vite, le mouvement s'étend au reste de l'armée française pour atteindre son paroxysme entre fin mai et début juin. Plus de la moitié des unités militaires sont touchées, en particulier dans l'infanterie. Des officiers sont malmenés par leurs hommes et certains régiments mutinés affichent leur intention de marcher sur Paris. Le Gouvernement et l'état-major français s'inquiètent. Plusieurs généraux vont même jusqu'à croire à un complot intérieur, fomenté par des pacifistes et des socialistes. Pur fantasme ! Cet épisode spectaculaire de la Grande Guerre, passé à la postérité sous le nom des « mutineries de 1917 », relève en réalité de causes profondes qui tiennent à la fois du désastre sur l'Aisne et d'un contexte sociopolitique catastrophique. Depuis que Nivelle a échoué dans sa percée des 16 et 17 avril et qu'il s'obstine en vain sur le Chemin des Dames, la déception puis la grogne ne font que croître parmi les poilus. Mais ce mécontentement n'est pas le seul à nourrir la troupe. Avec lui, il faut compter sur l'épuisement provoqué par les incessants combats, les conditions de vie déplorables des tranchées et le problème des permissions, qui ne sont accordées qu'au compte-gouttes depuis que l'offensive a commencé. Sans parler de la lassitude qui s'empare des combattants après plus de deux années de guerre. D'un autre côté, les soldats français ont sous leurs yeux l'exemple de la Révolution russe, qui a vu la hiérarchie tsariste s'effondrer, et l'énorme mouvement de grèves – amorcé le 10 mai par l'arrêt de travail des ouvrières de haute couture parisiennes (les « midinettes ») – que connaît la France et qui durera jusqu'en juin.

Aussi, au début du mois de mai, l'exaspération dans l'armée française est telle que Pétain hérite, lorsqu'il prend les commandes, d'un volcan sur le point d'exploser. Ce qui ne manque pas d'arriver. Par ailleurs, les mutineries se signalent également par un véritable patriotisme républicain. Malgré leur ardent désir de paix, les soldats n'entendent pas laisser gagner l'Allemagne pour l'obtenir. De même, ils croient et se reconnaissent pour la majorité d'entre eux dans la République française. Ce qu'ils veulent, c'est avant tout modifier les conditions de la guerre elle-même, en la rendant moins arbitraire et plus humaine. Ainsi, s'ils refusent de retourner à l'assaut, les Français tiendront tout de même leurs tranchées jusqu'à la fin des troubles.

À partir du 10 juin, les protestations connaissent un reflux définitif sous l'action de Pétain. Alliant la carotte et le bâton, ce dernier parvient à remettre les mutins dans le rang en améliorant les conditions matérielles au front et à l'arrière, par l'octroi et l'extension des permissions, mais aussi par la répression des actes de désobéissance les plus graves. En septembre, les mutineries sont complètement terminées. D'après le bilan qu'en fait l'historien Denis Rolland, auteur d'une récente étude sur la question, elles ont touché près de 88 000 hommes. On ne connaît pas le bilan exact des victimes de la répression judiciaire. Cependant, sur l'ensemble de l'armée française, quelques 57 individus ont été condamnés à mort entre mai et novembre 1917. Parmi eux, 26 ont été exécutés pour des actes collectifs.

L'ALLEMAGNE TIRE LES MARRONS DU FEU

Bien qu'ils aient encaissé de lourdes pertes, les Allemands voient leur situation s'améliorer sur le front occidental à l'issue de l'offensive franco-britannique qui s'est tenue au printemps. Le pire a non seulement été évité, mais la France chancelante renonce à entreprendre une autre opération de grande envergure. Compte tenu de l'état préoccupant de l'armée française, Pétain choisit en effet de rester sur la défensive. Tout au plus lance-t-il quelques opérations limitées destinées à remonter le moral de ses troupes, à Verdun en août et sur le Chemin des Dames en octobre. Pour autant, l'Entente n'en a pas fini avec les offensives stratégiques. Le 7 juin 1917, les Britanniques se lancent, pratiquement seuls, dans une ambitieuse campagne dans les Flandres afin de s'emparer des bases allemandes sur la côte belge, d'où partent les sous-marins qui font des ravages dans l'Atlantique. Le 18, les Russes, qui se sont redressés, attaquent à leur tour en Galicie. Mais c'est peine perdue. Avec le retrait français, l'Allemagne, qui a connu les pires difficultés à contenir les actions concertées de ses adversaires en 1916, est dorénavant assez forte pour contrecarrer les projets des uns et des autres. Après quelques succès, l'attaque britannique piétine et s'enfonce dans une bataille d'usure qui durera plusieurs mois.

Quant aux Russes, les Allemands les écrasent et les poussent à la retraite en trois semaines.

Le haut commandement allemand profite alors de ces succès défensifs pour avancer ses propres pions. En octobre, aidé par les Austro-Hongrois, une cuisante défaite est infligée aux Italiens à Caporetto. Devant le sursaut russe au cours de l'été et le calme relatif du front occidental, Ludendorff choisit de porter ses coups à l'Est. En septembre, l'armée russe, dont les troupes vont de défaite en défaite, se disloque complètement avec l'effondrement de son moral. Gravement déstabilisé par les troubles intérieurs, le Gouvernement libéral né de la révolution en mars prend lui aussi l'eau. Au début du mois de novembre, les bolcheviks s'emparent du pouvoir dans plusieurs grandes villes russes. La Russie entre dans une deuxième révolution, au grand bénéfice de l'Allemagne qui signe, en mars 1918, un armistice avec les nouveaux maîtres du Kremlin.

Reste que les échecs stratégiques franco-britanniques ont une dernière conséquence fatidique pour l'Entente. Au cours de l'année 1917, l'écart numérique entre l'Allemagne et ses adversaires s'est dangereusement creusé en faveur de la première sur le front occidental. Usés par leurs offensives, les Français et les Britanniques ont vu le nombre de leurs divisions fondre, passant de 194 à 169, pour 154 à 150 chez les Allemands. Au contraire de leurs ennemis, ces derniers peuvent en outre compter, grâce à l'écroulement russe, sur une cinquantaine de divisions supplémentaires. Autrement dit, l'Allemagne possède désormais une supériorité numérique confortable. Un avantage que Ludendorff entend bien exploiter pour arracher la victoire en 1918, avant l'arrivée des troupes américaines.

EN RÉSUMÉ

- Au début de l'année 1917, le front occidental est enlisé dans une guerre de tranchées. Une impasse dont la France et la Grande-Bretagne veulent rapidement sortir en raison de l'angoissante guerre sous-marine dans l'Atlantique et des succès allemands sur le front oriental.

- Le général Nivelle élabore alors un plan pour obtenir promptement une victoire décisive sur l'Allemagne : trois armées françaises doivent percer sur le Chemin des Dames pendant que deux attaques auxiliaires seront menées par les Britanniques sur Vimy et par Pétain en Champagne.

- Privilégiant la surprise, le plan prend la forme d'une attaque concentrique sur les flancs du saillant allemand entre Noyon et Bapaume. Celui-ci s'avère pourtant irréalisable : les Allemands se replient entre Noyon et Roye, la préparation colossale que cette offensive requiert annule l'effet de surprise, et surtout, les défenses ennemies et les difficultés du terrain sur le Chemin des Dames entravent considérablement l'opération.

- L'assaut sur l'Aisne démarre mal. L'attaque britannique est enrayée tandis que les conditions météorologiques gênent la préparation d'artillerie française et imposent plusieurs reports au démarrage des opérations.
- Finalement lancée le 16 avril, l'offensive française échoue devant la résistance ennemie. La bataille de percée se transforme en bataille d'usure.
- Aussi l'enlisement des opérations crée-t-il de vives tensions dans le camp français. Nivelle, qui perd la confiance du gouvernement, est remplacé le 15 mai par Pétain. Le 20 mai, de graves mutineries, attisées par la défaite, ébranlent l'armée française. Elles ne prendront fin qu'en septembre, sous l'action de Pétain.

Votre avis nous intéresse !
Laissez un commentaire sur le site de votre
librairie en ligne et partagez vos coups de cœur sur
les réseaux sociaux !

POUR ALLER PLUS LOIN

SOURCES BIBLIOGRAPHIQUES

- BERSTEIN (Serge) et MILZA (Pierre), *Histoire du XXᵉ siècle. 1900-1945. La fin du « monde européen »*, tome 1, Paris, Hatier, 1996.

- DEFENTE (Denis), *Le Chemin des Dames. 1914-1918*, Paris, Éditions Somogy, 2003.

- DOUGHTY (Robert A.), *Pyrrhic Victory: French Strategy and Operations in the Great War*, Cambridge, Harvard University Press, 2005.

- DEROO (Eric) et CHAMPEAUX (Antoine), « Panorama des troupes coloniales françaises dans les deux guerres mondiales », in *Revue historique des armées*, n° 271, 2013, p. 72-88.

- GOYA (Michel), *L'invention de la guerre moderne. Du pantalon rouge au char d'assaut. 1871-1918*, Paris, Tallandier, 2004.

- KEEGAN (John), *La Première Guerre mondiale*, Paris, Perrin, 2005.

- LAGRANGE (François), *Inventaire de la grande Guerre*, Bologne-Billancourt, Universalis, 2005.

- LAPARRA (Jean-Claude), *La machine à vaincre : de l'espoir à la désillusion. Histoire de l'armée allemande. 1914-1918*, Quercy, Éditions 14-18, 2006.

- LUDENDORFF (Erich), *Souvenirs de guerre*, tome 2, Paris, Payot, 1920.

- MASSON (Philippe), *Histoire de l'armée française de 1914 à nos jours*, Paris, Perrin, 1999.

- MIQUEL (Pierre), *La Grande Guerre*, Paris, Fayard, 1983.

- MIQUEL (Pierre), *Le Chemin des Dames*, Paris, Éditons de la Seine, 1997.

- NOBÉCOURT (René-Gustave), *Les fantassins du Chemin des Dames*, Paris, Albin Michel, 2013.

- OFFENSTADT (Nicolas), *Le Chemin des Dames. De l'événement à la mémoire*, Paris, Perrin, 2006.

- PEDRONCINI (Guy), 1917. *Les mutineries de l'armée française*, Paris, Julliard, 1968.

- PRIOR (Robin) et WILSON (Trevor), *La Première Guerre mondiale*, Paris, Autrement, 2000.

- ROLLAND (Denis), *La grève des tranchées. Les mutineries de 1917*, Paris, Éditions Imago, 2005.

- SCHNETZLER (Bernard), *Les erreurs stratégiques pendant la Première Guerre mondiale*, Paris, Economica, 2006.

- STEVENSON (David), *With Our Backs to the Wall. Victory and Defeat in 1918*, London, Penguin Books, 2012.

SOURCE ICONOGRAPHIQUE

- Chavonne en ruine, photo datée du 1er mai 1917. La photo reproduite est réputée libre de droits.